# THÈSE

POUR

# LA LICENCE

SOUTENUE

## DEVANT LA FACULTÉ DE DROIT D'AIX,

PAR

Marie-Joseph-Henri **CARRIÈRE**,

Né à Nimes (Gard).

**NIMES,**

TYPOGRAPHIE SOUSTELLE, BOULEVART SAINT-ANTOINE, 9.

**1858**.

A MON PÈRE ET A MA MÈRE.

A MA GRAND'MÈRE ET A MA TANTE.

A MON FRÈRE ET A MES SŒURS.

A MES PARENTS.

A MES AMIS.

# JUS ROMANUM.

## De Ritu Nuptiarum.

DIG. LIB. XXIII, TIT. II.

Nuptiæ sive Matrimonium sunt viri et mulieris conjunctio individuam consuetidinem vitæ continens, sic Justinianus. Modestinus vero : Nuptiæ sunt conjunctio maris et feminæ consortium omnis vitæ divini et humani juris communicatio. Hæc est définitio Matrimonii civilis apud Romanos , quo solo paterna potestas , cognatio civilis familiæque jura omnia conferebantur.

Altera quidem erat conjunctio maris et feminæ Concubinatus appellata , quæ licet legibus non reprobata iisdemque juxta certas regulas submissa ; nullum tamen civile obtinebat effectum. Sic conjungi solebant ii quibus vel facultas deerat vel voluntas justas contrahendi nuptias.

Justas autem nuptias inquit Ulpianus inter se cives romani contrahunt qui secundum præcepta legum coeunt masculi quidem puberes , feminæ autem viripotentes. Sive patresfamilias sint , sive filiifamilias , dum tamen si filii familias consensum habeant parentum quorum in potestate constituuntur.

Quatuor sunt ergo necessaria ut exstent justæ nuptiæ :

1° Ut puberes sint qui coeunt;

2° Ut inter se consentiant ;

3°· Ut eorum habeant consensum quorum sub potestate sunt ;

4° Ut tandem jus connubii habeant.

**Pubertas**. Namque quum is sit Matrimonii finis præcipuus ut procreentur liberi; necesse est ut contrahentes ambo generandi sint capaces. Mulier quidem apud Romanos viripotens habebatur statim ac duodecimum annum impleverat.

De viro autem non ita concordant veteres jurisconsulti ; siquidem Proculeiani eum puberem ducebant qui quatuordecimum annum attigerat : Sabiniani vero ex habitu corporis judicandum putabant, dum Priscus et corpori et ætati consulendum opinabatur ; Justiniani instituta his verbis litem dirimunt :

Pubertatem in masculis post quartum decimum illico initium accipere disposuimus antiquitatis normam, in feminis personis bene positam, suo ordine relinquentes ut post duodecimum annum completum viripotentes esse credantur.

**Consentiant qui coeunt**. Nullum oritur dubium quum nullus contractus possit absque consensu contrahentium consistere : hinc sequitur simulatas nuptias nullam omnino vim sortiri, furiosumque, insanum aut mente captum matrimonium contrahere non posse quandiu facultas consentiendi ipsis defuerit. Debet hic consensus certus esse, nec vi subreptus aut errore vitiatus.

An autem solo consensu perfici possint nuptiæ non una est sententia ; id enim alii asserunt et suam opinionem variis auctoritatibus confirmant ; contendunt alii vero non sufficere consensum, necessariamque insuper uxoris deductionem in domum mariti. Hanc equidem amplector sententiam quæque multis comprobatam textibus ; etiam propriis verbis asseritur mulierem absentem, nec litteris, nec procuratoribus nubere posse, quum necesse sit ut fiat uxoris deductio in domum mariti. Quid tandem aptius quam ista uxoris traditio ad voluntatem contrahentium certo deprehendendam, quid ad vitanda incommoda periculaque ex clandestinis nuptiis provenientia, quam deductio ista in domum mariti in conspectu amicorum, vicinorumque omnium ; certum est enim nec tabulas nuptiales, nec acta quæcumque ad validitatem matrimonii probandam a legibus romanis requisitas fuisse non apparet in jure matrimonii apud Romanos auctoritas publica ; atque si postea dotale instrumentum petebatur equidem pro solis clari nominis civibus necessarium fuit.

**Ut eorum habeant consensum quorum sub potestate sunt.**— Patrisfamilias consensus necessarius est, ut justas contrahant nuptias filii familiæ ; etenim quum naturalis ratio suadeat, liberos obsequium et reverentiam quàm maximam debere parentibus, sane ejusmodi officio graviter deessent, qui in re tanti momenti iisdem invitis vel ignorantibus contraherent. Requiritur insuper jure civili, consensus ascendentium sub potestate quorum postea futurus est filiusfamilias, quia si solus consensisset avus, ipso decedente liberi ex isto matrimonio procreati, in potestatem novi patrisfamilias traderentur, licet forsan inviti atque hæredes sui constituerentur : quum autem non exstet eadem ratio in neptibus sufficit avi auctoritas ut nubere possint. Ejusmodi consensus matrimonium præcedere debet ; expressis verbis aut etiam tacite potest præberi, dummodo vi, dolo aut errore non inficiatur.

Remittitur interdùm variis ex causis hujus consensus obligatio, si nempe evadat impossibilis. Permissum est tam filio quam filiæ furiosi, sine patris interventu nuptias contrahere ; is etiam cujus pater ab hostibus captus est, jure uxorem ducere potest ; item si pater ita absit ut ignoretur ubi sit et an sit, et si triennium effluxerit postquam apertissime fuerit pater ignotus ubi degit et an superstes sit, uxorem ducerc potest filius. Aliquando etiam pater vel invitus, liberis sponsum et dotem dare cogitur. Præter consensus patrisfamiliæ eorumque in potestate quorum futuri sunt liberi, nullus est alius cuju consensus exspectandus sit ; ideo emancipatus filius etiam sine consensus patris nuptias contrahere potest, et susceptis inde filiis ut legitimi hæredes omnino habentur. Pupillus paterfamilias etiam invito tutore uxorem ducere potest, ast filiæ emancipatæ novissimis legibus nuptiarum validitas, patris, sive matris, vel propinquorum consensui subdita fuit donec vigesimum quintum ætatis suæ annum implevisset.

**Jus connubii.** —Connubium est uxoris jure ducéndæ facultas, jus est quoddam civile quo qui coeunt, inter se justas nuptias contrahunt ;

connubium habent cives romani cum civibus romanis, jus attamen istud aliquoties legibus concessum fuit latinis peregrinisque, datum est etiam veteranis militibus quando cum peregrinis mulieribus nuberent. Nullum erat autem cum servis connubium; diu etiam ex lege duodecim tabularum, non habuerunt connubium patres cum plebeis, ingenui cum libertinis; at iis omnibus postea legibus Canuleiâ et Pàpiâ Poppeâ fuit concessum. Ex eo quod erat connubium jus civile, aptitudinemque relativam requireret personæ in personam, sequitur leges varia impedimenta statuere potuisse; hæ prohibitiones innituntur modo in rationibus pòliticis, uti jam diximus pro patribus cum plebeis, modo rationibus quæ ad utilitatem privatam spectant; hinc non licet tutori nec suis liberis inire cum pupillis matrimonium, ne hinc tutor ansam sibi præbeat rationem bonorum pupilli non reddendi. Item præsides præfectique uxorem ducere non possunt in provinciâ ipsis demandatâ quandiu præsunt, ne vìm afferant ut illustria matrimonia ineant.

Alia impedimenta ex rationibus moralibus effluunt et pendent sive ex consanguinitate, sive ex affinitate, sive tandem ex aliis causis quæ potius honestatem respiciunt. Connubium non est inter eas personas quæ parentum, liberorumve locum inter se obtinent, usque ad infinitum; et hæc ideo ita sunt ut quamvis per adoptionem parentum liberorumve loco sibi esse cæperint, non possunt inter se matrimonio jungi; ut etiam dissolutâ adoptione idem juris maneat. Inter eas quoque personas quæ ex transverso gradu cognationis junguntur, est quædam similis observatio sed non tanta; solummodo usque ad quartum gradum inter se matrimonia contrahere non possunt. Affinitatis quoque quarumdam nuptiis abstinere necesse est, nimirum inter socerum et nurum, generum et socrum, privignum et novercam usque ad infinitum, quia filiæ aut filii omnes loco sunt. Omnis tandem consanguinitas, sive ex concubinatu, vel ex contubèrnio, aut ex illegitimo commercio effluens, matrimonium irritat.

Polygamia apud Romanos non est permissa; hinc vir, viventé uxore, ad alias nuptias convolare non potest; quia, ut referunt instituta, duas uxores eodem tempore habere non licet. Item propter mores non conceditur senatoribus, ingenuisque nuptias contrahere cum mulieribus quæ in ludis scenicis partes agunt, cum meretricibus, cum adulteris feminis et in universum cum omnibus humilibus abjectisve personis.

At labentibus annis leges non paucas restrictiones his impedimentis attulerunt.

Prohibitiones istæ omnes legibus sanctiuntur si adversus ea quæ diximus aliqui coïerint nec vir, nec uxor, nec nuptiæ, nec matrimonium, nec dos intelligitur ; atque ii qui ex eo coïtu nascuntur in potestate patris non sunt, sed tales sunt quales sunt ti quos mater vulgo concepit. Qui autem prohibitas nuptias coeunt, et alias pœnas patiuntur quæ sacris constitutionibus continentur.

# CODE NAPOLÉON.

## Des causes qui interrompent ou suspendent la Prescription.

Code Nap., art. 2242-2259.

La prescription est un moyen d'acquérir ou de se libérer par un certain laps de temps, et sous des conditions déterminées par la loi.

Diverses circonstances peuvent entraver ce mode d'acquisition et de libération, l'interrompre entièrement ou le suspendre seulement pour un certain temps ; une grande différence existe en effet entre ces mots d'interruption et de suspension.

Il y a interruption, lorsqu'un obstacle survient pendant le cours de la prescription et rend inutile le temps écoulé, sans toutefois empêcher de recommencer une nouvelle prescription.

La suspension, au contraire, retarde le commencement de la prescription, ou l'arrête dans son cours, tout en laissant subsister le temps déjà accompli, pour le joindre à celui qui courra après la cessation de l'obstacle suspensif de la prescription. L'interruption produit, comme on le voit, son effet dans le passé, tandis que la suspension ne le produit que dans le présent.

### Des causes qui interrompent le cours de la Prescription.

L'interruption de la prescription est naturelle ou civile (art. 2242.)

L'interruption naturelle a lieu lorsque le possesseur cesse de posséder, soit parce qu'il a abandonné volontairement la possession de la chose, soit parce qu'il a été privé pendant plus d'un an de la jouissance de la chose, par le fait d'un tiers ancien propriétaire ou autre, la loi ne distingue pas; elle ne s'occupe pas davantage si la dépossession a été ou non violente; par cela seul qu'un an s'est écoulé sans que le possesseur ait agi contre les tiers-détenteurs, sa possession est définitivement perdue, elle ne comptera plus pour la prescription, et s'il recouvre l'immeuble en intentant une action contre les tiers-détenteurs, ce sera une nouvelle prescription qui commencera pour lui: si, au contraire, dans le temps voulu il exerce une action possessoire ou pétitoire, et qu'il recouvre l'immeuble enlevé, il est censé n'avoir jamais cessé d'en être propriétaire.

L'interruption naturelle diffère de l'interruption civile: 1° En ce qu'elle ne s'applique qu'à la prescription acquisitive, tandis que l'interruption civile est commune à la prescription acquisitive et à la prescription libératoire; 2° En ce que l'interruption naturelle apporte un obstacle absolu à la prescription; tandis que relative en ses effets, l'interruption civile ne profite qu'à celui qui l'a faite; celui-là seul en souffre contre qui elle est dirigée.

L'interruption civile résulte d'une citation en justice, d'un commandement ou d'une saisie signifiée à celui qu'on veut empêcher de prescrire (art. 2244), d'une citation en conciliation devant un bureau de paix, pourvu qu'elle soit suivie, dans le mois, d'une assignation en justice (art. 2245) enfin, de la reconnaissance faite par le débiteur ou le possesseur du droit de celui contre lequel il prescrivait.

Par citation il faut entendre ici toute demande en justice formée par exploit d'huissier, ou autrement; car il n'est pas douteux que les demandes incidentes ou reconventionnelles, formées par requête ou actes d'avoué à avoué, ne soient interruptives de prescription. Lors même que la citation serait donnée devant un juge incompétent, elle est interruptive de la prescription (art.

2246.) La loi n'a pas voulu rendre le demandeur victime d'une erreur sur la question de compétence , question délicate sur laquelle se trouvent souvent en défaut les hommes les plus expérimentés ; la loi ne distingue pas même entre l'incompétence *ratione materiæ* et *ratione personæ*. Si le jugement rendu sur les prétentions du demandeur ne lui est pas favorable , l'interruption sera regardée comme non-avenue ; la prescription suivra de même son cours si l'assignation est nulle pour défaut de forme , si le demandeur se désiste de sa demande , ou s'il laisse périmer l'instance ( art. 2247. )

Le commandement est un ordre donné à un débiteur, par le ministère d'huissier , d'avoir à exécuter son obligation , sous la menace d'user des voies judiciaires, en vertu du titre exécutoire que l'on a contre lui, et dont on lui a donné ou dont on lui donne copie. Ce commandement doit être fait au débiteur un jour avant la saisie et trente jours avant la saisie immobilière. Il interrompt la prescription comme la demande en justice , mais il diffère d'avec elle , en ce qu'il conserve son effet pendant trente ans, tandis que la demande en justice est sujette à péremption , par la discontinuité de poursuites pendant trois ans; une autre différence , c'est que dans la demande en justice, les débiteurs étant constitués en demeure , voient courir contre eux les intérêts à partir du jour de la demande ; le commandement ne fait courir les intérêts que dans les cas prévus par les articles 474 et 1652. Le commandement précédant une saisie , suppose une dette d'argent, et ne s'applique , par conséquent , qu'à la prescription libératoire.

La saisie interrompt la prescription dans divers cas non soumis au préliminaire du commandement ; elle renouvelle l'interruption procurée par le commandement , et anéantit le temps qui s'est écoulé depuis ce dernier ; elle ne peut interrompre que la prescription libératoire.

Aucune demande principale introductive d'instance , sauf celles exceptées formellement par la loi , ne peut être reçue dans les tribunaux de première instance avant que les parties n'aient usé du préliminaire de conciliation (art. 48, C. procéd. ) La loi avec un ordre pareil eût gêné le possesseur du droit, l'aurait même contraint à la violer pour sauvegarder ses intérêts , si elle n'avait donné à cette citation en conciliation obligée, la force interruptive de la prescription , les lenteurs qu'entraîne ce préliminaire , auraient souvent fait perdre au possesseur du droit , le bref-délai qui lui restait encore avant le terme fatal de la prescription. Mais pour que la citation produise cet effet , il faut qu'elle soit suivie dans le mois d'une demande en justice ; au cas contraire , elle est considérée comme non-avenue, et la prescription aura suivi son cours et produit valablement ses effets. Ces règles s'appliquent à la comparution volontaire des parties , qui est aussi interruptive de la prescription.

La reconnaissance par le débiteur ou le possesseur du droit de celui contre lequel il prescrit. Cette reconnaissance peut être faite par acte authentique ou sous seing privé, et même par une simple lettre ; elle peut résulter aussi d'un fait emportant avec lui l'aveu tacite de la dette du droit , tel qu'une demande de délai pour le paiement, un paiement partiel , etc. , ou encore d'une reconnaissance verbale , mais la preuve par témoins de cette dernière , est toujours soumise aux règles qui lui sont propres. L'interpellation faite conformément aux articles ci-dessus, à l'un des débiteurs solidaires , ou sa reconnaissance , interrompt la prescription contre tous les autres , par la raison que ce qui est fait par ou contre l'un d'eux est considéré comme faitpar ou contre tous ; mais si l'un des débiteurs solidaires meurt laissant des héritiers , sa dette se divisant entre eux , ces héritiers ne sont solidaires avec les autres débiteurs solidaires restants que chacun pour sa part et portion , mais ils ne sont pas solidaires entre eux ; d'où il résulte que la poursuite dirigée contre un débiteur solidaire survivant , ou contre tous les héritiers du débiteur solidaire défunt , interrompt la prescription contre tous les débiteurs solidaires sans distinction ; tandis que si l'action n'est dirigée que contre en seul des héritiers du débiteur solidaire défunt, celui-là seul jusqu'à concurrence seulement de sa part, verra la prescription interrompue contre lui et contre les débiteurs premiers ; alors que la prescription courra encore au profit des autres héritiers du défunt débiteur. Il en est de même pour la reconnaissance , à moins que la dette ne soit indivisible , la prescription dans ce cas interrompue contre un des débiteurs, l'est contre tous sans exception. L'interpellation faite par un débiteur principal ou sa reconnaissance du droit , pourvu qu'elle ait lieu pendant le cours de la prescription , vient interrompre cette dernière contre la caution ; celle-ci garantit en effet la créance tant que le débiteur demeure obligé .

## Des causes qui suspendent le cours de la prescription.

La prescription court contre toutes personnes , à moins qu'elles ne soient dans quelque exception établie par une loi (art. 2251). Ces exceptions sont peu nombreuses, et l'application rigoureuse de la loi peut bien amener par fois de regrettables conséquences , mais elle est telle, et il faut la suivre sous peine de retomber dans cette incertitude , source première de procès , à laquelle la loi a voulu mettre un terme.

Les personnes privilégiées contre lesquelles la prescription se trouve interrompue : sont les mineurs , les interdits et les femmes mariées.

Pour les mineurs et les interdits , pourvus par la loi d'un tuteur qui surveille leurs intérêts et dirige leurs affaires, il semble que la garantie , le recours qu'ils ont contre leur tuteur , les protégeaient d'une manière suffisante ; la loi a pourtant voulu sauvegarder plus particulièrement encore leurs intérêts , et les mettre à l'abri de toute faute commise par leur tuteur, faute qu'ils n'avaient aucun moyen de prévenir ; c'est à cet effet qu'il leur a été accordé de voir suspendre contre eux la prescription.

Cependant , par une raison d'intérêt public , la loi laisse courir contre les mineurs et les interdits les petites prescriptions ; elle les fait rentrer à cet égard dans le droit commun , tout en leur conservant néanmoins leur recours contre le tuteur.

La prescription se trouve suspendue contre les femmes mariées dans quatre cas : lorsque la femme aura sans autorisation de son mari ou de justice , contracté avec des tiers, l'action en rescision qu'elle a à exercer contre eux, n'est prescriptible qu'à partir de la dissolution du mariage ; le législateur a pensé qu'en cette occasion, la femme n'oserait pas demander à son mari l'autorisation d'attaquer l'acte qu'elle a consenti à son insu , et lui découvrir ainsi la faute qu'elle a commise.

La prescription est pareillement suspendue pendant le mariage , dans le cas où le mari ayant vendu le bien propre de sa femme sans son consentement , se trouve garant de la vente ; et dans tous les cas où l'action de la femme réfléchirait contre le mari si elle l'exerçait contre les tiers-possesseurs.

S'il en eût été autrement, l'intérêt de la femme en eût souffert ; en effet ou elle aurait attaqué les tiers , et alors le mari poursuivi en garantie de la vente par lui consentie , eût fait peser son courroux sur sa femme et jeté le trouble dans sa maison ; ou bien la femme reculant devant une pareille perspective , ou n'osant même pas agir, aurait sacrifié son intérêt à son repos, à la paix de son ménage ; elle aurait laissé prescrire le droit de rescision qu'elle avait ; toutes choses fâcheuses que la loi a voulu prévenir , en suspendant la prescription jusqu'à la dissolution du mariage.

La prescription ne court pas contre une femme mariée sous le régime de la communauté , dans le cas où elle ne peut exercer son action , qu'après une option à faire sur l'acceptation ou la renonciation à la communauté.

Qu'une femme ait , par exemple, ameubli un immeuble sous réserve de le reprendre si elle renonce à la communauté : son droit de propriété se trouve alors subordonné à cette option qu'elle ne peut faire qu'après la dissolution de la communauté ; si à cette époque elle accepte la communauté, l'immeuble est censé avoir toujours appartenu à la communauté ; si la femme renonce, elle est au contraire réputée avoir toujours été propriétaire de l'immeuble , d'où il suit que, si pendant la communauté cet immeuble est passé entre les mains d'un tiers , celui-ci ne peut prescrire contre la femme tant que dure la communauté , parce que la femme ne peut exercer son droit en revendication qu'après la dissolution de la communauté , et dans le cas seulement où elle est renonçante. Si la prescription eût couru contre la femme pendant le mariage, elle aurait été obligée , pour sauvegarder ses intérêts , de surveiller l'administration des biens communs , elle aurait gêné le mari dans ses actes, deux volontés eussent été en présence, dont la contrariété aurait pu amener de fâcheux résultats. De même la prescription est suspendue pendant le mariage contre la femme mariée sous le régime dotal , eu égard aux immeubles dotaux déclarés inaliénables. Ainsi marchent ensemble l'inaliénabilité et l'imprescriptibilité, toutefois à cette condition , qu'il faut que la possession du tiers ait commencé pendant le mariage ; si au contraire elle est antérieure, la prescription continue à courir pendant le mariage.

La prescription ne court point entre époux (art. 2253), afin qu'ils ne puissent pas se faire des libéralités indirectes , et pour qu'une raison d'intérêt, ne vienne pas troubler la bonne harmonie qui doit régner entre deux époux.

En dehors des cas ci-dessus énoncés, les femmes rentrent dans le droit commun, lorsqu'elles administrent elles-mêmes leurs biens, la prescription court contre elles; elle court même contre la femme mariée encore qu'elle ne soit séparée par contrat de mariage ou en justice, à l'égard des biens dont le mari a l'administration, sauf le recours de la femme contre ce dernier. Si la loi, en donnant au mari l'administration des biens de sa femme, en mettant celle-ci pour ainsi dire en tutelle, ne lui accorde pas les faveurs qu'elle a faites aux mineurs et aux interdits, c'est que ceux-ci sont totalement incapables de surveiller leurs tuteurs et de prévenir leurs fautes, tandis que la femme a de par la loi un moyen de défense contre la prescription, en demandant la séparation de biens contre le mari qui néglige ses intérêts; elle devient maîtresse d'exercer elle-même ses actions, d'administrer ses biens; si elle n'use pas de ce moyen, elle doit subir les conséquences de son inaction, la prescription court contre elle, mais elle conserve son recours contre son mari; administrateur des biens de sa femme, le mari est responsable de sa mauvaise gestion, il est juste qu'il répare les pertes causées par sa négligence.

La prescription ne court point à l'égard d'une créance qui dépend d'une condition, jusqu'à ce que la condition arrive (art. 2257); la prescription se trouve dans ce cas suspendue par la condition même qui suspend l'existence de la créance; il s'agit ici de la condition suspensive; quant à la condition résolutoire la prescription n'est point suspendue, parce que la créance existant réellement, celui à qui elle appartient peut exercer toutes les actions qui lui compètent. A l'égard d'une action en garantie, la prescription ne court pas, elle est en suspens jusqu'au moment de l'éviction, événement futur et incertain, qui retarde son commencement; ce cas est analogue au premier.

La prescription est suspendue à l'égard d'une créance à jour fixe, jusqu'à ce que ce jour soit arrivé, parce que le créancier n'a aucun moyen d'agir; le débiteur ayant le droit de retarder le paiement, le retardera probablement jusqu'au dernier jour; et jusqu'à ce moment, lié par la loi elle-même, le

3

créancier est obligé de rester inactif ; aussi n'est-ce qu'à ce jour que la prescription commencera à courir contre lui, car il ne sera en faute s'il n'exerce pas de poursuite contre son débiteur , qu'à partir du jour où il a pu légalement les commencer.

La prescription ne court pas contre l'héritier bénéficiaire , à l'égard des créances qu'il a contre la succession ; la raison est qu'il n'a véritablement aucun intérêt à poursuivre la succession ; n'a-t-il pas en effet entre les mains de quoi se solder ses créances ; plusieurs pensent que c'est parce qu'il ne peut pas agir contre lui-même : cette raison n'est pas solide ; l'héritier bénéficiaire peut très-bien , en effet, exercer les actions qu'il a contre la succession , en les intentant contre ses co-héritiers , ou bien en faisant nommer un curateur contre lequel il agira.

On admet généralement et avec raison , que pour ce qui regarde les créances que possède la succession contre l'héritier bénéficiaire , la prescription est suspendue au profit de celle-ci.

La prescription court contre une succession vacante quoique non pourvue d'un curateur, parce que le créancier peut diriger ses actions contre l'héritier qui a renoncé ; elle court encore pendant les trois mois pour faire inventaire et les quarante jours pour délibérer , parce que l'héritier peut, pendant ce temps et sans se prononcer, faire tous les actes d'administration conservatoires et nécessaires, interrompre par conséquent les prescriptions , réciproquement la prescription court à son profit, parce que les ayant droit peuvent valablement agir contre l'héritier.

# PROCÉDURE CIVILE.

## Du préliminaire de conciliation.

La conciliation est une mesure prise par la loi pour prévenir les procès , c'est un essai de médiation entre les parties sur une contestation née ou à naître.

Le préliminaire de la conciliation a été introduit dans nos lois en 1790. C'est aux Juges de paix et à eux seuls, c'est à leur magistrature toute paternelle que la loi a confié cette belle mission de tenter de prévenir les funestes conséquences des procès , en cherchant à ramener la bonne intelligence et la paix entre les parties qui viennent à eux.

Toutes causes quelles qu'elles soient peuvent être soumises au préliminaire de conciliation ; la loi n'a défendu d'essayer ce moyen pour aucune ; mais dans cette généralité, pour les unes le préliminaire est facultatif , tandis que la loi l'impose rigoureusement aux autres. L'article 48 pose le principe de cette matière. Est soumise au préliminaire de la conciliation , toute demande de la compétence des Tribunaux de première instance , lorsqu'elle est principale et introductive d'instance, entre personnes capables de transiger , et sur des objets qui peuvent être matière à transaction.

L'article 49 énumère les exceptions au principe posé par l'article 48 , elles sont fondées sur l'incapacité des parties , sur leur nombre , sur l'objet de la demande non susceptible de transaction , soit encore sur ce que la demande n'est pas introductive d'instance , ou sur ce que la cause requiert célérité ; cette énumération fournie par l'article n'est pas limitative ; elle n'est que démonstrative , et le Code contient encore un grand nombre d'autres exceptions à cette règle.

Le défaut du préliminaire de conciliation dans le cas où il est obligatoire , rend la demande non-recevable en instance ; les mots de l'article 48 ( aucune demande ne sera reçue ) sont formels , d'où il résulte que le défendeur peut , de prime abord devant un tribunal , opposer qu'il n'est point tenu de plaider tant que cette formalité n'aura pas été remplie.

Le Juge de paix compétent est celui du domicile du défendeur , sans qu'il y ait à distinguer si l'action est réelle , personnelle ou mixte. Dans le cas où il y a deux défendeurs , le demandeur a le choix parmi les juges de l'un d'eux. En matière de société la demande est portée devant le juge du lieu où elle est établie. Quant aux successions , le juge de paix du lieu où elle s'est ouverte est compétent pour en connaître.

Ces règles sont une faveur accordée au défendeur qui peut en réclamer l'exécution , comme aussi passer outre ; mais elles ne sont d'aucune application pour le juge de paix saisi de la demande en conciliation ; il n'a pas à examiner s'il est compétent ou non : la juridiction dont il est investi comme conciliateur par les parties , étant une juridiction volontaire de leur part , une marque de leur confiance , il a toujours pouvoir de concilier , quelle que soit la cause portée devant lui.

La citation , donnée par un huissier de la justice de paix du défendeur , énonce sommairement l'objet de la conciliation. Le délai sera de trois jours au moins avant celui de la comparution qui aura lieu en personne ou par l'intermédiaire d'un fondé de pouvoir en cas d'empêchement. Si l'une des parties fait défaut ; elle est passible d'une amende ; jusqu'à l'acquittement de laquelle il lui est refusé audience.

Si les parties sont présentes , le demandeur explique sa demande , l'augmente et même en forme de nouvelles ; mais dans ce dernier cas , s'il n'y a pas conciliation , ces nouvelles demandes sont considérées comme non avenues , parce que le défendeur n'en avait pas été averti dans la citation.

Le défendeur au contraire peut former toutes les demandes qu'il juge convenable, pourvu que ces demandes se rattachent à la prétention du demandeur par leur principe ou leur origine, ou viennent servir de défense à l'action principale. Il peut les faire porter sur le procès-verbal, et en cas de non conciliation, les présenter sans autre préliminaire devant le tribunal civil.

C'est ici que commence le rôle de conciliation du juge de paix ; les dires et réponses des parties l'ont mis au courant de l'affaire ; et il leur expose à son tour ses idées sur les titres par eux invoqués ; il leur fait connaître leurs droits respectifs, leur fait envisager la conséquence et le résultat d'un procès souvent ruineux ; et peut même leur proposer les conditions d'un arrangement.

Les parties se règlent alors entre elles, ou refusent de se concilier. Dans le premier cas il est dressé un procès-verbal contenant les conventions des parties et les conditions de leur arrangement s'il y en a. Dans le cas contraire, le procès-verbal qui est dressé constate seulement que les parties n'ont pu se concilier.

Cet acte authentique dans sa forme, a date certaine et fait foi jusqu'à inscription de faux : cependant les engagements qu'il relate n'ont que la force d'obligations privées. Le procès-verbal ne peut donc être la base d'une inscription hypothécaire, et il n'est pas susceptible d'exécution parée comme les jugements et les actes passés devant notaire.

L'une des parties peut déférer le serment à l'autre, le juge de paix le recevra si elle le prête ; dans le cas contraire il fera mention du refus de le prêter, dans le procès-verbal. La partie qui aura refusé de le prêter, ne peut pas pour ce motif être considérée comme ayant succombé. Ce refus ne peut entraîner contre elle aucune condamnation. Les parties en effet devant le juge de paix ne sont point en justice, en instance, mais seulement en conciliation ; d'où la conséquence que l'art. 1361 du C. Nap. relatif au serment n'est point ici applicable ; les juges du tribunal pourront bien, plus tard, attacher quelque importance à ce refus, mais dans la circonstance présente il ne nuit pas à son auteur.

A la citation en conciliation est attachée l'interruption de la prescription , et le cours des intérêts moratoires , pourvu que dans le mois une demande en justice de la part du créancier , prouve qu'il entend sérieusement soutenir ses prétentions : sinon les intérêts n'auront pas couru , et la prescription aura continué à s'accomplir.

# DROIT COMMERCIAL.

## De l'Endossement.

Code de comm., art. 136, 139.

La lettre de change a été créée pour faciliter les transactions commerciales. Elle circule ordinairement entre plusieurs mains, avant d'être présentée au tiré qui doit la payer ; aussi la loi pour favoriser sa transmission rapide, l'a-t-elle affranchie de ces nombreuses règles qui entourent les autres actes civils. Elle lui a donné un mode de cession, plus facile et plus en rapport avec les besoins du commerce, et que l'on nomme endossement.

L'endossement consiste en un écrit mis au dos de la lettre de change ou de tout autre effet négociable. Cet écrit ou transmet entièrement la propriété de l'effet, ou donne seulement pouvoir de le toucher, selon que les conditions voulues par la loi sont ou non remplies. Au premier cas, l'endossement est dit régulier, dans l'autre, il est irrégulier.

### ENDOSSEMENT RÉGULIER.

L'endossement est régulier lorsqu'il revet les formes et conditions établies par la loi. D'après l'art. 137, il doit pour cela être daté, exprimer la valeur fournie et énoncer le nom de celui à l'ordre de qui il est passé.

**La date**.— La date est requise pour s'assurer de la capacité de l'endosseur, et reconnaître, en cas de faillite, s'il y a fraude ou non : cette condition est exigée à peine de nullité.

Il n'est ici question que de la date du temps, celle du lieu n'est nécessaire que dans le cas où la lettre de change est à l'ordre du tireur, l'endossement constituant alors véritablement la lettre de change.

**Expression de la valeur fournie**. — La valeur fournie doit être spécifiée d'une manière précise, et non vaguement comme par ces mots : *valeur reçue*, ou *valeur entre nous*. Les tribunaux font aujourd'hui respecter cette condition longtemps inobservée par le commerce

**Nom de celui à l'ordre de qui l'endossement est passé**.— Cette énonciation est de rigueur pour rendre l'effet négociable, l'endossement sans ordre serait sans effet à l'égard des tiers, il ne vaudrait que comme procuration.

Quant aux formes de l'endossement, comme son nom l'indique, il doit être écrit au dos de la lettre de change.

Lorsqu'il n'y a plus de place sur le dos de ladite lettre, on ajoute une feuille dite *allonge*, sur laquelle se continuent les endossements.

Il n'est pas nécessaire que l'endossement soit écrit en entier de la main de l'endosseur, sa seule signature sans bon ni approuvé suffit; la faveur attachée aux effets de commerce, a fait en ce point déroger au principe établi par l'art. 1326 C. N.

L'endossement peut être rédigé par acte notarié; il n'est pas d'exemple de notaire poursuivi pour un pareil acte.

Un effet de commerce peut-il être endossé après son échéance aussi valablement qu'avant cette époque ? La loi est muette à cet égard. La jurisprudence des tribunaux de commerce, n'accorde valeur qu'à l'endossement fait avant l'échéance : la Cour de cassation ne fait aucune distinction. Les Codes étrangers, comblant la lacune de la loi française, portent : « Que l'endossement fait avant l'échéance est seul valable. »

Bien que notre Code n'ait aucun texte précis, cependant les différents articles qui se rapportent à la lettre de change, montrent que la loi a voulu que tous les droits des parties fussent fixés, au moment de l'échéance, d'une manière irrévocable : le contraire, en effet, favorise les feintes, entraîne des exceptions et des difficultés inextricables, et entrave enfin les formalités nécessitées par un non-paiement à ladite échéance ; cet effet n'a plus d'ailleurs à ce moment qu'une valeur fort dépréciée.

Fait selon les formes, et avec les conditions prescrites, l'endossement régulier transmet la pleine propriété de l'effet à celui au profit de qui il est endossé, sans qu'il y ait besoin de signification de cession au tiré. Une grande augmentation de valeur est apportée à la lettre par chacun des endosseurs, tous étant signataires responsables, garants solidaires du paiement de la somme que l'effet donne droit de toucher, à moins de stipulations formelle de non-garantie, dans le corps même de l'endossement.

## ENDOSSEMENT IRRÉGULIER.

L'endossement, toutes les fois qu'il ne réunit pas toutes les conditions exigées par la loi est irrégulier ; il n'est plus alors translatifs de propriété ; il ne vaut que comme procuration pour toucher le montant dudit effet endossé. Mais, pour ne pas entraver la circulation de l'effet, la loi, par une faveur spéciale, donne droit à ce mandataire, de se substituer quelqu'un pour demander le paiement de cet effet, et de lui transmettre par voie d'endossement tous les droits dont il jouit lui-même.

Le plus irrégulier des endossements, est sans contredit l'endossement en blanc, qui consiste en une simple signature. Endosser en blanc un effet, c'est donner à la personne à laquelle on le confie, la plus grande de toutes les procurations, lui conférer les droits les plus étendus.

Longtemps familier dans le commerce pour opérer la session des lettres de change, l'endossement en blanc fut formellement interdit, et sous les peines les plus sévères, par la loi de vendemiaire an IV.

Aujourd'hui l'endossement en blanc est redevenu en usage dans le commerce, et il est reconnu valable par les tribunaux. Il vaut comme la procuration la plus large et la plus étendue ; celui à qui il est remis peut, en remplissant le blanc-seing, transférer la propriété du titre à un tiers, s'en constituer même propriétaire, pourvu qu'il ait une cause légitime et que cette faculté ne lui ait pas été enlevée dans ledit endossement ; il faut qu'il opte pour la qualité de mandataire ou pour celle de propriétaire de l'effet, avant de se présenter au paiement.

Le porteur d'un endossement irrégulier a le droit d'exiger le paiement d'une lettre de change, et peut se prétendre propriétaire de ladite lettre, à la charge par lui de suppléer, par des preuves, à l'irrégularité de son titre, de démontrer qu'il n'est pas simple mandataire, mais bien réellement propriétaire de la lettre, soit pour avoir payé la somme, soit par tout autre mode d'acquisition.

Un endossement, quoique parfaitement régulier quant à la forme, peut être irrégulier quant au fond. Sont applicables ici les suppositions de nom, de qualité, de domicile, de valeur, etc., prévues par l'art. 112, et l'antidate punie par l'art. 139.

La doctrine et la jurisprudence admettent que le porteur d'un endossement irrégulier peut transmettre la lettre de change par un endossement régulier.

L'endossement irrégulier ne valant que comme mandat pour toucher le montant de la lettre de change, il suit que le porteur, s'il a touché la somme, en doit compte au vrai propriétaire ; que l'endosseur propriétaire peut, tant que le paiement n'a pas eu lieu, et par une notification au tiré, révoquer son mandat ; que si le tiré est créancier de l'endosseur, il peut opposer la compensation au porteur.

Enfin, le porteur d'un endossement irrégulier ne peut s'opposer à la saisie-arrêt de la somme dudit effet, faite entre les mains du tiré par les créanciers de l'endosseur propriétaire.

Pour l'endossement fait à l'étranger, les conditions de validité sont souvent moins nombreuses qu'en France : nos tribunaux déclarent ces endossements bons et réguliers ; ils ont la force qu'ils auraient eue dans le pays où ils ont été consentis, si les formes qui y sont usitées n'ont pas été violées : ici est appliquée la maxime : *Locus regit actum.*

# DROIT ADMINISTRATIF.

## De l'origine des caractères et de l'organisation du Conseil d'Etat.

Le Conseil d'Etat est un Conseil suprême du gouvernement, et la plus haute des juridictions administrative en matière contentieuse.

C'est une de ces institutions empruntées par les temps modernes aux premières époques de la monarchie française, il s'appelait alors Conseil du Roi, et comprenait dans ses attributions le gouvernement, l'administration et la juridiction, soit administrative, soit judiciaire. Ce ne fut qu'au XIVe siècle qu'il prit une forme nette et caractérisée. Une ordonnance de Philippe-le-Bel, en 1302, en créant des Parlements sédentaires, enleva au Conseil du Roi la juridiction judiciaire pour la donner aux Parlements, sur lesquels le Conseil eut toujours un droit de surveillance.

Sous Louis XIV, ce Conseil fut souvent appelé Conseil d'Etat ; il fut l'objet de deux édits qui le réglaient encore en 1789, sauf quelques modifications apportées par les rois ses successeurs.

A cette époque il comprenait plusieurs Conseils distincts.

1° Le Conseil des affaires étrangères ou Conseil d'Etat proprement dit ;

2° Le Conseil des dépêches ou de l'intérienr ;

3° Le Conseil royal des finances ;

4° Le Conseil royal du commerce ;

5° Enfin, le Conseil des parties.

À côté de ce Conseil du Roi s'élevait, comme auxiliaires, les Requêtes de l'hôtel du roi, les Requêtes du palais et le Grand Conseil essentiellement distinct du Conseil du roi.

Plusieurs lois mirent à néant ce Conseil et ses dépendances ; ce furent celles des 7—11 septembre 1790, 27 novembre, 1ᵉʳ décembre 1790, des 27 avril et 25 mai 1791.

Il fut remplacé dans l'ordre judiciaire par l'institution de Tribunal de cassation.

Dans l'ordre gouvernemental et administratif, le roi réuni à ses ministres remplaça le Conseil d'Etat.

Par la loi du 22 frimaire an VIII, sous la direction des consuls, il fut créé un Conseil d'Etat, appelé à rédiger les projets de lois et les réglements d'administration ; un arrêté du 5 nivôse an VIII, fixa son organisation et ses attributions.

Depuis, le Conseil d'Etat a été l'objet d'un grand nombre de dispositions législatives ou réglementaires, qui ont modifié son organisation et ses attributions, sans lui enlever les caractères essentiels que lui a donnés le génie du premier Consul ; il suffit de mentionner les décrets les plus importants.

Ce sont sous le premier Empire ceux des 11 juin 1806 et 22 juillet même année.

Sous la première Restauration une ordonnance du 29 juin 1814.

Sous le second Empire un décret du 31 mars 1815.

Sous la seconde Restauration une ordonnance du 23 août 1815, reconstituant le conseil d'Etat sur les bases posées par le premier Consul ; d'autres ordonnances suivirent, telles que celles du 3 avril 1817, du 26 août 1824, du 18 janvier 1826 et 5 novembre 1829.

Sous la royauté de juillet apparaissent l'ordonnance du 18 septembre 1839 et la loi du 19 juillet 1845.

Les détails d'organisation avaient seuls jusqu'en 1848 reçu des modifications, le Conseil d'Etat était toujours celui créé par le premier Consul, mais à cette époque il prend un tout autre caractère ; de nombreux changements s'opèrent dans sa formation et dans ses attributions.

Il émane du pouvoir législatif, sous la présidence du vice-président de la République, entièrement indépendant du pouvoir exécutif, il devient un pouvoir intermédiaire entre celui-ci et le pouvoir législatif ; il est appelé à faire des réglements d'administration qui sont exécutoires par eux-mêmes, ces changements furent opérés par la loi du 3 mars 1849 et par les réglements du 26 mai 1849 et du 15 juin 1850.

### Caractères du Conseil d'Etat.

Sous le gouvernement actuel, le Conseil d'Etat par le décret organique du 25 janvier 1852 et le décret réglementaire du 30 janvier de la même année, a repris la formation, les attributions et les caractères que lui avaient donnés le premier Consul, ainsi :

1° Il émane du pouvoir exécutif, tous les membres sont nommés par l'Empereur ;

2° Le Conseil d'Etat est un corps purement consultatif, en toute occasion ses avis ne deviennent décisions qu'autant que la signature impériale s'y trouve apposée, aussi seraient-elles mieux nommées décrets impériaux en Conseil d'Etat ;

3° Il est enfin un corps parfaitement unitaire, un corps politique participant constitutionnellement à la formation des lois, mais toujours sous l'autorité et la direction du pouvoir exécutif.

### Organisation du Conseil d'Etat.

Le Conseil d'Etat est aujourd'hui régi par le décret organique du 25 janvier 1852, modifié par les sénatus-consultes des 25 et 31 décembre de la même année, et enfin par le décret du 25 novembre 1853.

Il se compose :

1° D'un Président ;

2° de 40 à 50 Conseillers d'Etat en service ordinaire, ayant voix délibérative ;

5° De Conseillers d'Etat en service ordinaire hors section, dont le nombre ne peut dépasser quinze, qui ne prennent part qu'aux assemblées générales ;

4° De Conseillers d'Etat en service extraordinaire, dont le nombre ne peut dépasser vingt, ayant voix délibérative aux assemblées où ils sont convoqués seulement ;

5° De quarante Maîtres des requêtes en service ordinaire divisés en deux classes de vingt chacune ; ayant voix consultative dans toutes les affaires, et voix délibératives dans celles dont le rapport leur a été confié ;

6° De quatre-vingts Auditeurs en service ordinaire, dont vingt de première classe, et soixante de deuxième classe ;

Les Auditeurs de première classe peuvent seuls assister aux séances générales du Conseil d'Etat ; une autorisation spéciale leur est nécessaire lorsque l'Empereur préside.

Les Auditeurs de deuxième classe ne prennent part qu'aux travaux de la section à laquelle ils sont attachés.

7° Un service extraordinaire de Maîtres de requêtes et d'Auditeurs en nombre illimité ; titre purement honorifique, sans aucune fonction qui y soit attachée.

8° D'un Secrétaire général ayant titre et rang de Maître des requêtes.

Enfin, les Ministres ont rang, séance et voix délibérative au Conseil d'Etat,

Les Princes français, avec l'agrément de l'Empereur, font également partie du Conseil d'Etat ;

Tous les membres du Conseil d'Etat sont nommés et révoqués par l'Empereur.

Pour pouvoir être nommé Conseiller d'Etat, la seule qualité de citoyen suffit.

Le Président, les Conseillers en service ordinaire, les quarante Maîtres des requêtes et les Auditeurs de première classe, sont les seuls qui reçoivent un traitement.

Le Conseil d'Etat est divisé en six sections :

1° Section de législation, justice, et affaires étrangères ;

2° Section du contentieux.

3° Section de l'intérieur, de l'instruction publique et des cultes ;

4° Section des travaux publics , de l'agriculture et du commerce ;

5° Section de la guerre et de la marine ;

6° Section des finances.

Les séances de sections ont pour objet ordinaire de préparer la délibération de l'assemblée générale ; une section peut néanmoins delibérer valablement seule en certains cas.

En assemblée générale le Conseil d'Etat comprend tous les membres du Conseil et les membres extraordinaires autorisés à assister à la séance. Il est alors présidé par l'Empereur, ou, à son défaut, par le président du Conseil d'Etat.

Le Conseil d'Etat, pour délibérer valablement , doit comprendre au moins vingt membres ayant voix délibérative ; les voix se prennent à la majorité des suffrages, et, en cas de partage, la voix du président est prépondérante.

La délibération est, dans tous les cas , consultative et soumise toujours à l'approbation impériale.

*Vu comme Président de la Thèse ,*

LOMBARD.

Vu ET PERMIS D'IMPRIMER :

Pour M. le Recteur en congé :

*L'Inspecteur de l'Académie , délégué ,*

C. MONDOS.

www.ingramcontent.com/pod-product-compliance
Lightning Source LLC
Chambersburg PA
CBHW061758060726
47597CB00007B/3002